LES PENSEES DE WOLINSKI

Faites comme moi,
si vous voulez n'avoir que des bonnes pensées, avouez les mauvaises.

W.

Une chose intelligente, c'est une chose que n'importe quel imbécile peut comprendre.

W.

Wolinski

Les Pensées

le cherche midi editeur

Déjà parus :

PIERRE DAC
anti-préface de Louis Leprince-Ringuet

PIERRE PERRET
préface de San Antonio

ISBN : 2 - 266 - 01218 - 5

Wolinski, on croit que tu es con, parce que tu fais le con, mais c'est faux : tu es vraiment con.

Cavana.

Wolinski n'a pas de problème. Il n'a que des solutions.

Cavana.

Pensées profondes

Tout petit, déjà, je savais que je ne serais pas précoce.

L'autoculture, ça veut dire que je ne lis que ce que j'écris... alors plus j'écris des choses intelligentes, plus je lis des choses intelligentes.

Personne n'a aucune raison de m'aimer. Donc, si on m'aime, ce sera vraiment pour moi-même.

*

Quand on est sûr d'avoir raison, on n'a pas besoin de discuter avec ceux qui ont tort.

*

Une des grandes escroqueries de notre époque, c'est d'avoir fait croire à l'homme de la rue qu'il avait quelque chose à dire.

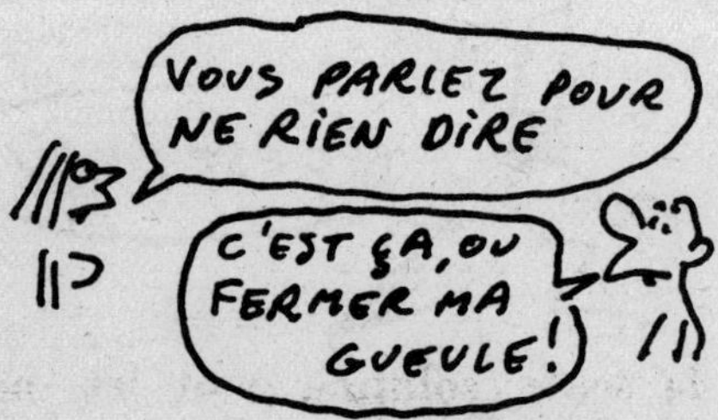

Si on me juge à mes amis, je suis plutôt pas mal comme type.

*

Les époques dégueulasses sont propices aux chefs-d'œuvre.

Quand la seule solution pour les honnêtes gens, c'est d'être infâmes, l'infamie devient la seule solution honnête !

Pour lutter contre l'inflation, il n'y a qu'une seule solution : ne pas donner d'argent à ceux qui le dépensent, ne pas le prendre à ceux qui le conservent.

*

J'aime qu'on rigole du malheur. C'est une attitude saine.

*

La richesse, c'est comme la nature. Il ne faut pas y toucher si on veut la conserver.

*

Le refoulement de notre égoïsme est la vraie source des maux de l'humanité. Ce qui fait que nous sommes tous frères, c'est que nous n'en avons rien à foutre si les autres crèvent.

Il est possible que je me surestime.

Il n'est pas bon pour le moral d'un pays de compter trop d'humoristes.

Je suis un con, mais quand je vois ce que les gens intelligents ont fait du monde...

*

Quand on veut faire le bonheur de l'humanité, il faut commencer par soi-même.

Je ne m'intéresse pas à ce que j'aime car je n'aime pas toujours ce qui est intéressant. Par exemple, j'aime le camembert, je ne m'intéresse pas au camembert.
J'aime les bandes dessinées, je ne m'intéresse pas aux bandes dessinées.
J'aime l'argent, je ne m'intéresse pas à l'argent.

*

Il faut mieux être des ratés intelligents que des cons efficaces.

*

C'est toujours dans les pays où il n'y a rien à voler qu'il y a le plus de voleurs.

*

Je suis pour l'injustice car notre société est fondée sur elle. Enlevez l'injustice et elle s'effondre.

Si j'avais des esclaves, j'adorerais qu'ils soient un peu insolents.

J'adore tartiner sur des sujets auxquels je ne connais rien. Je suis plus à l'aise pour dire n'importe quoi.

*

Quand les hommes commencent à dénoncer les tares d'une société, c'est que cette société est déjà en train de changer.

*

Il faut savoir ramper devant les fusils, car seuls les lâches s'en sortiront.

*

Ce qui me rend optimiste, c'est que les gens ont pris conscience de la gravité de la situation.

Je préfère être malheureux de temps en temps parce que je n'arrive pas à obtenir ce que je veux, qu'heureux tout le temps parce que je n'ai envie de rien !

*

Parler de moi est le seul sujet qui m'intéresse vraiment.

Il était si con que lorsqu'il disait quelque chose d'intelligent, il se retournait pour voir si ce n'était pas un autre.

*

Vieillir, c'est savoir perdre.

*

En ce bas monde, il y a toujours des individus pour inventer des solutions aux problèmes des hommes. Les hommes adorent leurs problèmes, ils veulent vivre en paix avec leurs problèmes. Ils ne veulent surtout pas les résoudre parce qu'ils savent que ça leur poserait trop de problèmes.

Tout ce que je fais ressemble à ce que j'ai déjà fait.

Seuls les ratés ne sont pas infantiles.

*

Tout mon art consiste à ne rien dire en ayant l'air d'en dire long.

Vers minuit, c'est l'heure calme où mes pensées sont confuses. C'est l'heure que je préfère parce que, quand j'ai les idées claires, je ne dis que des conneries.

Si on flanquait une bombe atomique sur le sommet d'Helsinki, au moment où les 35 chefs d'Etats apposent leurs paraphes au bas de la charte sur la sécurité, je me sentirais plus en sécurité.

*

Avant mai 68, les gens n'éprouvaient pas le besoin de dire qu'ils n'avaient rien à dire.

*

Un monde sans inégalité serait monotone comme un désert !

Travailler en collaboration, cela veut dire perdre la moitié de son temps à expliquer à l'autre que ses idées sont stupides.

*

Un con ne sait pas qu'il est con tandis qu'un hypocrite sait qu'il est hypocrite et que s'il l'est, c'est parce que c'est pour lui la seule façon de pouvoir survivre dans un monde où les hypocrites arment les cons pour empêcher d'autres hypocrites de leur prendre le pouvoir.

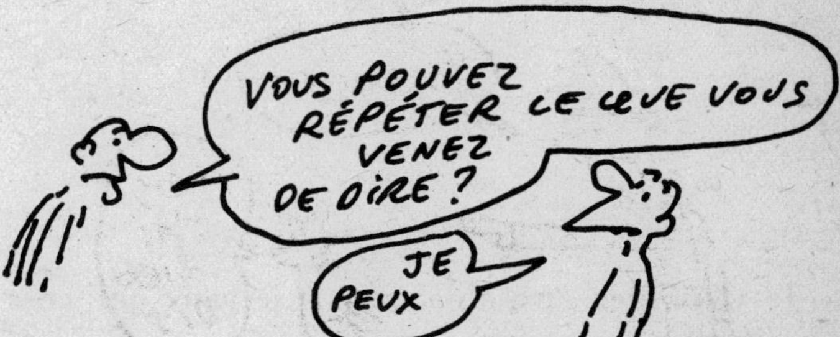

Si la dénatalité continue, bientôt nous verrons, dans les écoles désertes, 35 pédagogues se disputer pour faire la classe à un enfant.

*

A force de raconter ma vie, je la connais par cœur.

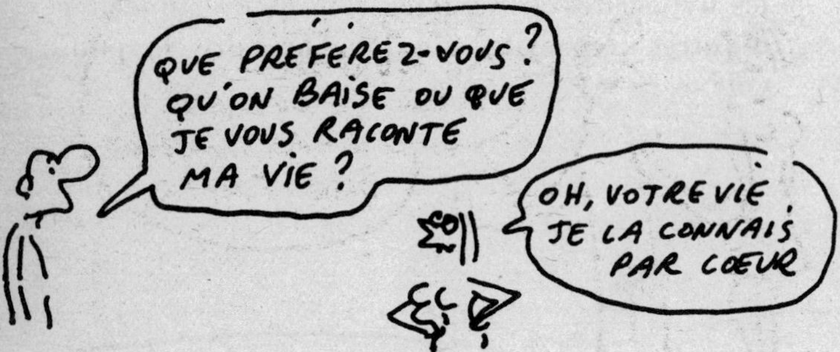

Je veux bien être abject, mais je veux que ce soit sans contrainte.

Les gens me dégoûtent. Mais je les préfère tout de même aux choses. Par exemple, j'aime le fromage mais le fromage ne m'aimera jamais tandis que si j'aime une femme, il y a toujours une chance pour qu'elle m'aime un jour.

Pendant longtemps, je n'écoutais que ce qu'on me disait. C'est en écoutant ce qu'on disait aux autres que je me suis senti concerné.

Une société où tous les individus auraient de l'humour pourrait aisément se passer d'humoristes. Voilà pourquoi les humoristes sont si aigres, si désespérés. Ils ont besoin des cons pour exister, comme le flic a besoin du criminel, le militaire de la guerre, le médecin de la maladie et le vulcanologue du volcan.

Pensées vertigineuses

Les gens veulent qu'on fasse leur bonheur ou leur malheur, mais surtout pas qu'on se désintéresse de leur sort.

*

Depuis que j'ai décidé d'être honnête avec moi-même, j'ai plein de problèmes.

J'ai fait énormément de choses dans ma vie, mais je n'ai jamais vraiment travaillé.

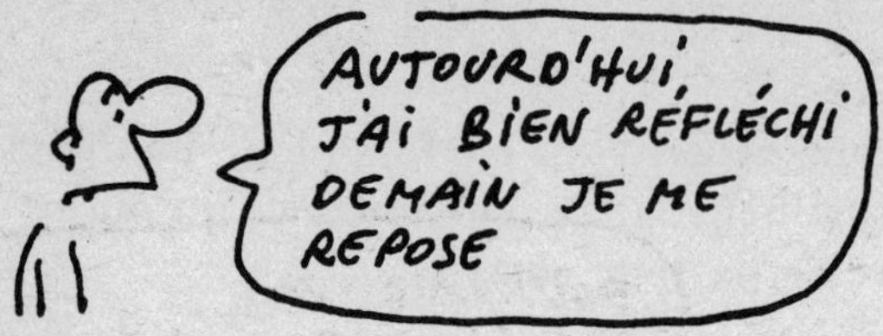

Quand je n'écris pas, je cherche mes mots.

WOLINSKI.
PENSEUR.
GROS
DEMI-GROS
POURRIEZ-VOUS
ME VENDRE UNE PENSÉE ?
JE REGRETTE,
JE NE FAIS PAS
LE DÉTAIL

Le paradis est plein d'imbéciles qui croient qu'il existe.

*

Le dentifrice sent la bouche.

*

Pourquoi Dieu ne serait-il pas une femme ?

Tous nos malheurs proviennent du fait qu'on ne sait plus être malheureux.

*

Cela me désespère de penser que je ne ferai jamais ce que je n'ai jamais fait.

*

L'immortalité engendre la paresse parce qu'un immortel remet toujours au lendemain ce qu'un mortel aurait fait le jour même.

*

Il est difficile de montrer son cul sans baisser son froc.

Le jour où les usagers se révolteront, ce sera terrible, parce que rien ne distingue un usager d'un autre.

Il faut lutter contre ceux qui veulent tirer sur le fil pour tout défaire et qui ne savent même pas tricoter.

La campagne, c'est bien pour penser à rien.

Elle repose de la ville où on n'a pas le temps de penser du tout.

J'en ai assez de remettre tout le temps au lendemain ce que j'aurais dû faire il y a 10 ans.

*

Le premier homme qui est mort a dû être drôlement surpris.

*

Toute la journée, je me demande ce que je pourrais bien faire le soir. Et puis quand ce putain de soir arrive, je me rends compte que ce que je pourrais bien faire n'a pas une grande importance et, en plus, j'ai la désagréable impression d'avoir raté ma journée.

Je mets parfois ma culotte par-dessus mon pantalon pour ne pas la salir.

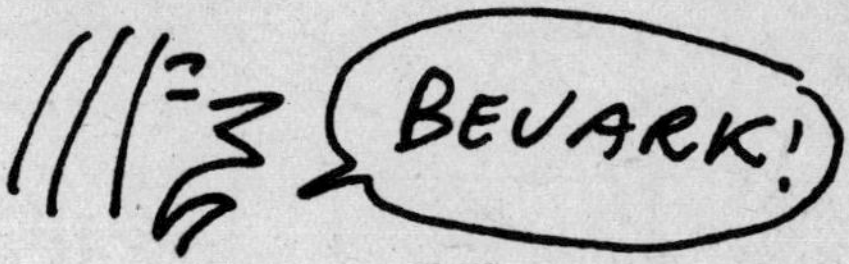

Si les cons étaient immortels, tout serait encore pire.

On ne peut pas tenir en même temps une pancarte et un fusil.

Si on payait moins cher les gens, ils auraient moins d'argent, les commerçants vendraient moins. Ils seraient obligés de baisser leurs prix et l'inflation serait jugulée.

Si on ne croit en rien, la vie n'a pas de sens et si la vie n'a pas de sens, je ne peux pas vivre. Donc il faut que je crois en quelque chose et si je dois croire en quelque chose, pourquoi ne pas croire en Dieu ?

Mon seul bonheur, dans cette existence morne, c'est de lire *Charlie Hebdo*, journal plein d'humour et de bandes dessinées *(en vente partout)*.

Le monde change.

Il n'y a que les gens qui ne changent pas.

On se bat pour ses idées. On ne se bat pas pour ses obsessions. C'est une idée qui m'obsède.

Pensées insondables

On n'est pas forcément le père de quelqu'un mais on n'est jamais le fils de personne.

Le vrai problème de notre société, c'est premièrement qu'on ne s'attaque pas aux vrais problèmes.
Deuxièmement, que si on s'attaquait aux vrais problèmes, on ne saurait pas comment les résoudre.
Et troisièmement, qu'on ne sait pas quels sont les vrais problèmes.

*

Ce qui est inimitable n'a aucun intérêt.

*

Qu'est-ce qu'on reçoit sans l'avoir demandé, qu'on possède sans savoir comment et qu'on perd sans savoir pourquoi ?
C'est la vie.

Entre un autre et moi, je n'ai pas le choix.

Pour qu'un monde comme le nôtre soit cohérent, il ne faut pas chercher à le comprendre.

J'aime mieux penser à ce que j'ai envie de faire que faire ce à quoi je pense sans envie.

Tout ce qu'on pourra faire augmentera le chaos. Donc, il faut en faire le moins possible.

Donner aux uns, cela veut toujours dire prendre aux autres.

*

La vérité, c'est ce qui m'arrange.

*

Je ne serais plus moi-même si j'étais resté le même.

Les plaisirs sont toujours solitaires, quand on est seul.

Une société optimiste n'a pas besoin d'humoristes.

*

Quand on mange du poulet, se pose-t-on la question de savoir si le poulet aime être mangé ?

L'avenir, c'est le passé.
L'avenir, c'est dépassé.
Le présent est imprévisible.
Le futur n'est pas pensable.

*

Un homme qui ne marche pas ne laisse pas de traces.

Ce qui distingue l'homme de la bête, c'est que la bête n'est pas toujours obligée de lutter pour ne pas se comporter comme un homme.

J'ai peur du passé, du présent, du futur, du passé simple, et du plus-que-parfait du subjonctif.

Je ne veux pas être soumis à l'impitoyable esclavage de l'indépendance.

Pensées sur le journalisme

Avant d'écrire son article, un journaliste doit se soucier de savoir ce que pense l'opinion publique pour ne pas dire le contraire de ce qu'elle pense.

Les bandes dessinées ne seront jamais aussi tarées que ceux qui aiment ça.

*

Avant, à la télé, il y avait quelques types qui disaient sournoisement la vérité. Maintenant ils disent tous sournoisement des mensonges.

(Mai 68)

*

Quand vous allez chez quelqu'un, vous le jugez d'après son argenterie, ses tapis, la façon dont est disposé le châle hindou sur le piano, la bonne éducation de ses enfants, etc. Mais le journaliste, lui, pour se faire une opinion, ira droit à la cuisine soulever le couvercle de la poubelle !

Quand on a une grande gueule, on ne fait pas un métier où on n'a que le droit de la fermer !

Même les « bons » journalistes sont obligés de dire la vérité. Alors ils deviennent de « mauvais » journalistes.

Il y a des gens qui prétendent qu'ils voteront communiste le jour où on leur permettra d'expliquer dans les colonnes de *l'Humanité* pourquoi ils ne votent pas communiste.

J'ai fait une enquête. Il y a des millions de salauds en France. Un hebdomadaire, *Le Salaud,* pourrait faire un malheur en ne publiant que des saloperies.

On se farcit déjà les curés, les rabbins, les pasteurs, bientôt ce sera les derviches tourneurs, les voyantes, les mages, les sorcières ! Quand je pense que des savants ont inventé une chose aussi prodigieuse que la télé pour colporter de pareilles conneries ! Ça me rend fou !

Tout le monde le dit, même les médiocres : notre télévision est médiocre.

Dans notre société, la seule façon, pour les journalistes, de se libérer de l'entreprise des puissances financières, c'est de faire un journal qui gagne beaucoup d'argent.

*

Une seule page pourrie dans un journal pas pourri pourrit le journal, tandis qu'une seule page pas pourrie dans un journal pourri le rend moins pourri.

*

La télé a donné aux gens la mauvaise habitude de parler et de plaisanter. Quand ils sont au cinéma, ils se croient chez eux. C'est pour cela que je reste chez moi.

*

Cela ne suffit plus de ne pas être communiste, il faut être *anti*-communiste pour travailler à la télévision.

Entre une émission intéressante et un film con, je fais comme tout le monde, je choisis le film.

Un vrai journaliste n'écrit que pour celui qui est chargé de couper son article parce qu'il est trop long.

Si les salauds ne se dévouaient pas pour faire des journaux pour les imbéciles, je me demande ce que les imbéciles liraient.

Pensées et réflexions sur la bande dessinée

« Charlie mensuel » fut le premier mensuel de bandes dessinées pour adultes. Delfeil de Ton en fut le premier rédacteur en chef. C'était en 1969. J'en pris la suite parce que j'ai toujours aimé les bandes dessinées. Très jeune, je regardais, la gorge serrée, les coups de pinceau magiques d'Alex Raymond ou Milton Caniff. La virtuosité tendre de ces types me paraissait surhumaine.

Nous sommes en 1980. Les hommes de ma génération ont su, je crois, faire partager à la génération suivante leur admiration pour le monde fabuleux de la B.D. Nous voyons au journal de plus en plus de jeunes ou moins jeunes types, timides et angoissés, apportant dans leurs cartons des choses intéressantes. Des peintres dégoûtés par le maquereautage qui règne dans le commerce de la peinture se tournent vers la B.D. Je n'ai rien contre, à condition qu'ils jouent le jeu de la B.D., c'est-à-dire qu'ils pensent « grand public ».

J'ai souvent vu des bandes dessinées faites pour de grands journaux populaires, comme « Popeye », « Luc Bradefer », « Agent Secret X 9 », provoquer trente ans après l'admiration des esthètes, mais j'ai rarement vu des bandes remarquées par ces esthètes provoquer l'admiration des foules.

Je ne vous dirai pas ce que je pense, ce mois-ci, de la bande dessinée, parce que j'ai beau me creuser la tête, je ne pense rien. Il y en a des bonnes et puis il y en a de moins bonnes, il y en a des mauvaises qui ont un petit quelque chose, il y en a d'extraordinaires qui sont un peu ordinaires, il y en a trop et il n'y en a pas assez, il y en a pour tous les goûts. Et c'est un peu dommage, il y en a des connes qui deviennent géniales avec le temps, il y en a des géniales qui prennent un coup de vieux. La nuit est tombée sans que je m'en aperçoive, le vent fait frissonner mes rideaux. Dans la rue un chien aboie, une femme rit, un enfant pleure, un train passe, une auto démarre, c'est l'heure d'aller regarder le film à la télé.

Parmi tous les cartons que je regarde chaque semaine, il s'en trouve sur lesquels je m'attarde, séduit parfois par une phrase ou par les détails d'un décor. J'ai un faible pour ceux qui savent et qui aiment observer, ceux qui regardent autour d'eux avec des yeux émerveillés, qui s'intéressent aux gestes de l'artisan, aux ailes des papillons, au vent dans les cheveux des femmes ; un faible pour ceux qui lisent, aussi, et pas seulement les journaux de bandes dessinées, mais également les autres, ceux écrits en tout petit et qui donnent des informations sur ce qui se passe dans notre pays ou ailleurs.

Je suis souvent agacé par le refus des réalités que je constate chez certains dessinateurs. La B.D. est une évasion pour eux. Ce n'est pas forcément un mal. Mais à force de vouloir s'évader, de voyager dans ses propres fantasmes, on ne va pas loin. Le sexe, la non-violence, la nostalgie de Mai 68, le culte du marginalisme, je n'ai rien contre. Mais pour devenir un bon dessinateur de B.D., il faut parfois avoir la même dose d'ambition, d'énergie et d'astuce qu'un technocrate arriviste. Il faut travailler dur, se perfectionner, recommencer. Ce n'est pas un métier pour les paresseux ; malheureusement, beaucoup de paresseux s'imaginent le contraire.

Le rôle de *Charlie* est d'ouvrir ses pages aux jeunes talents, à ceux qui auront, peut-être, « un nom » un jour. Bonne chance !

Non, grand-mère, je ne veux pas sortir, je préfère rester à la maison et regarder les albums de bandes dessinées. Sors, il y a plein de soleil ! Je n'ai pas envie, grand-mère. Tu vas t'abîmer les yeux ! Mais non, mais non... Je reste dans la fraîcheur de la salle à manger, où je dors sur un divan ; les volets filtrent la lumière, les mouches bourdonnent. Je lis « Luc Bradefer » et « Mandrake » en tremblant que l'histoire ne se termine pas. Un jour, je serai rédacteur en chef d'un journal de bandes dessinées, ou explorateur...

Je ne suis pas très amateur d'histoires de détectives privés. Tout le monde sait qu'ils sont dans la vie des minables, des briseurs de grève et des fouille-merde. Il n'y a que dans les romans et les bandes dessinées que ces escrocs ont du charme pour les petits bourgeois affamés de romanesque que nous sommes.

Je me suis longtemps demandé pourquoi je m'obstinais à publier le genre de bandes qui me fait ricaner. Et j'ai enfin compris que c'est parce que ça me plaît et que ce que j'aime le plus, finalement, c'est pas ce que je devrais aimer le plus, comme les bandes dessinées qui se moquent des bandes dessinées, les bandes dessinées vachement marrantes parce qu'il n'y a pas de gag et que c'est ça le gag, les bandes dessinées où il n'y a pas de scénario, pas de dialogue, pas d'histoire mais où c'est le pied parce que c'est la fête et qu'on s'éclate, et enfin les bandes dessinées tellement connes qu'on croirait que le gars l'a fait exprès. Et s'il ne l'a pas fait exprès, c'est encore plus drôle. Bref, j'avoue que j'aime qu'on me raconte des histoires, sans tricher, au premier degré, et que je ne déteste pas une petite intrigue sentimentale, même un peu niaise. J'ai honte, mais je vous soupçonne d'être un peu comme moi.

Les coureurs d'aventures imaginés par les scénaristes en pantoufles de la bande dessinée ne s'intéressent plus à notre époque et à notre terre désolée par la pollution, labourée par les agences de voyages, démystifiée par la télévision. Alors l'avenir, le passé, les planètes lointaines sont explorés par une foule de Raoul et Gaston, de Buffalo Bill, et de Robin des Bois qui galopent allègrement, chassant l'extra-terrestre, traquant le savant fou, vivant de la vie du mutant, partageant fraternellement l'huile et le tournevis avec les robots. Pourtant je trouve que dans le métro, le boulot et le dodo de notre bouleversant XXe siècle, ce ne sont pas les occasions d'être Superman qui manquent. Maintenant, j'ai une grande surprise pour vous. La très britannique histoire de Jeff Hawke, que « Charlie » a l'honneur de vous présenter, est *é-ro-ti-que*. En d'autres termes, Jeff Hawke va se livrer à des turpitudes inimaginables devant vos yeux d'enfants émerveillés. Il faut voir son regard de côté lorsqu'il parle, dans le bureau, à l'extra-terrestre déguisé en savant fou, pendant qu' « elle » le regarde par-dessus la tasse de thé. Et ensuite, ils sortent ensemble et puis il l'embrasse et puis, hein ! Quand deux êtres jeunes et beaux sont attirés l'un vers l'autre, que voulez-vous qu'il arrive ?

J'aime beaucoup montrer ce que font les créateurs quand ils ne savent pas encore qu'ils vont devenir célèbres et qu'ils se permettent d'inventer en toute liberté et en toute décontraction ce qui plus tard devient style, métier, touche inimitable, et puis trucs, manies, répétition.

Il m'arrive de regarder des expositions et de voir accrochées, sinistres, les pauvres idées des artistes...
Un gag leur suffit pour travailler un an, parfois une vie. Il n'y a plus que dans la bande dessinée que l'on voit des gens qui dessinent, pour quelques francs, pour avoir la plus belle exposition possible.

Un journal, ça se fait comme un bouquet de fleurs. Ça forme un tout dont chaque élément est déjà un tout.
L'ensemble vous ravit, mais quel bonheur vous apporte le moindre pétale, et la délicate façon dont les feuilles sont rattachées aux tiges souplement cambrées.

La B.D. est tristasse par les temps qui courent. Toute noire, avec des personnages cafardeux qui n'ont aucune chance d'améliorer leur niveau de vie. Mais nous ne nous décourageons pas, notre désespoir n'est pas triste.

Ce qui tue la B.D. en ce moment, ce sont les dessinateurs de B.D. qui se prennent pour des artistes. Je n'aime que les dessinateurs qui n'ont d'autre ambition que gagner leur croûte en dessinant des histoires intelligentes pour tout le monde.

Nous partons du principe, à « Charlie mensuel » que l'amateur d'humour et de B.D. ne peut être qu'un bon vivant, amateur de musiques exotiques, de nourritures épicées, de cinéma nostalgique, et de femmes qui n'éteignent pas la lumière. Mais peut-être nous trompons-nous ? Les gens qui font les journaux se trompent souvent sur leurs lecteurs si les sondages, les questionnaires et les interrogatoires ne me dégoûtaient pas tant, j'aurais tenté de vous « situer », mais je préfère travailler dans le brouillard en espérant que vous n'aimez pas ce qui ne me plaît pas. On n'a jamais tant publié de bandes dessinées, je crois, dans ce pays, on n'a jamais tant parlé de la bande dessinée dans les bistrots, les foires, les salons, les amphithéâtres et les bureaux des éditeurs. Ce ne sont plus les adultes qui lisent en se cachant les bandes dessinées pour enfants parce que ça les fait rêver mais les enfants qui lisent les bandes dessinées pour adultes sans même se cacher. Le résultat est le même, jamais la bande dessinée ne m'a paru aussi infantile.

J'aime passionnément les êtres qui se passionnent, c'est ma seule passion avec les arbres et les petits oiseaux, j'aime les bandes dessinées aussi, mais je déteste ceux qui n'aiment que ça, il y a des types qui ont une culture uniquement faite de bandes dessinées, il y a des journaux de bandes dessinées réalisées par des types qui n'ont jamais lu que des bandes dessinées réalisées par des types qui n'ont jamais lu que des bandes dessinées, etc. Ça me fait peur, un oiseau ça ne fait pas « cui-cui », une goutte qui tombe ça ne fait pas « plop », un baiser ça ne fait pas « smack », l'amour ça ne fait pas « floc floc ».

Lisez « Charlie », le journal des gens qui aiment bien lire des bandes dessinées de temps en temps.

C'est toujours comme ça que ça se passe. Quand on veut faire des chefs-d'œuvre, on n'y arrive jamais et puis quand on fait des trucs pour se marrer crac ! C'est le chef-d'œuvre. Alors on essaie de tricher, on se rapproche de la table de travail en sifflotant. Pom ! Pom ! Pom ! aujourd'hui je vais faire n'importe quoi, un petit truc pour rigoler genre « Candide » de Voltaire, surtout pas un chef-d'œuvre. Mais ça ne marche pas toujours car il y a, cachés dans le tréfonds de votre dedans, le trac, l'angoisse, la table d'écoute avec un salaud qui surveille et qui note : « l'individu joue la comédie, ne croyez pas à son insouciance, il tremble de peur de ne pas faire un chef-d'œuvre », c'est comme ça la création.

Savez-vous qu'il n'y a qu'en France — et, peut-être, en Italie — que l'on considère les dessinateurs de bandes dessinées comme autre chose que des peigne-culs, des minables, des ramasse-mégots, des gribouilleurs et des ouvriers immigrés ? Ce phénomène étonne les Américains, qui regardent les innombrables albums édités chez nous avec stupéfaction. Il faut dire que, dans notre pays, il y a autant d'éditeurs que de dessinateurs, et presque autant de clients pour les saloperies qu'ils éditent.

Quand on avait entre dix et vingt ans, moi et les autres, on lisait des bandes dessinées. On adorait ça. Mais on ne lisait pas que ça. Et surtout, on les lisait pour se fendre la gueule, pas avec le respect religieux dû aux chefs-d'œuvre de l'art et de la culture. Je suis devenu rédacteur en chef de « Charlie Mensuel », journal plein d'humour et de bandes dessinées, et je n'ai pas changé d'avis. Lorsque je lis ce qu'on m'apporte au journal, ou ce qui est publié par les éditeurs, par les autres journaux ou même par le mien, tout le monde peut se tromper, je suis effrayé par la nullité de toute cette « littérature ». Jamais on n'a autant publié de bandes dessinées en France. L'université a ouvert ses portes à la B.D., les journaux les plus sérieux se croient obligés de lui consacrer périodiquement quelques colonnes, écrites par des spécialistes dont on se demande ce qu'ils auraient fait dans la vie s'ils n'étaient pas devenus des spécialistes de la B.D.

Il y a des salons de la B.D. à Lucca, à Toulouse, à Angoulême, etc ; qui ont un grand succès et un grand retentissement auprès des « mass-média ». Peut-on prétendre que tout ce bordel, ce « merchandising », cette émulation, ces récompenses, ce vedettariat ont fait monter le niveau de la bande dessinée ? Y en a-t-il une seule qui puisse rivaliser avec les chefs-d'œuvre de la littérature ? Et pourtant, quelle prétention, quel luxe, dans la présentation de ces beaux albums !

Il semble qu'il y ait une sorte de complot tacite entre éditeurs, journalistes, « spécialistes » et dessinateurs, afin de rafler ce qui reste de l'argent de poche qui n'a pas été consacré aux disques, au cinéma et à l'essence de la moto par les adolescents, attardés ou non. Il s'agit de leur faire prendre pour des chefs-d'œuvre des chefs-d'œuvre de médiocrité, de leur faire croire que la B.D. est le mode d'expression de notre époque. Il s'agit de dire à des feignants ignares qu'ils peuvent être fiers de l'être, vous pensez s'ils sont contents !

Sur le plan des idées, il n'y a aucune différence qualitative entre ces paquets de dessins prétentiards portés aux nues par la conspiration des médiocres et des marchands et les milliers de petites revues dessinées par des tâcherons sous-payés au mètre, qui encombrent les kiosques et que lisent les troufions et les gosses, sauf que les scénarios des bandes publiées par les petites revues, aussi sommaires et infantiles soient-ils, sont au moins compréhensibles. Leurs lecteurs ne savent pas encore, ou ne sauront jamais, les pauvres, que plus une bande dessinée est fantastique, bizarre, galactique, incohérente, inachevée, pas marrante et chiante, plus elle est géniale.

Si vous n'avez rien à dire, si vous n'avez jamais lu que des bandes dessinées, si, à force de décalquer les fesses de la fiancée de Guy l'Eclair et l'excitant drapé du corsage des princesses amoureuses de Tarzan, vous avez fini par acquérir une certaine habileté, alors vous avez votre chance dans la B.D. De toute façon, il vaut mieux travailler peinard chez soi devant sa petite table à dessin que se faire chier à l'usine. Un conseil : foutez dans votre scénario du planant, de l'allusif, du défoncé, de l'écologique, du mystique ou du sexe, et surtout soyez très cons. Plus vous serez cons, plus vous flatterez votre public. Je regardais, samedi soir, une émission de télé consacrée à la B.D. : « Drôles de dessins ». Rémo Forlani (pourquoi Forlani ?) questionnait une bande de dessinateurs dont les personnages de Brétécher font grand cas en ce moment. Ce qui m'a frappé, chez tous ces gens-là, c'est que, même lorsqu'on leur pose une question simple, ils sont incapables d'y répondre. Ils n'ont pas l'habitude de penser, et ils travaillent pour un public qui ne veut pas penser non plus. Un public baigné en permanence dans de la musique, dans de la musique de zinzins, avec ces putains de chansons dans la tête, toujours avec la bande des copains. Ça me fait peur, ce vide dans les têtes, ce refus du réel, ce manque de curiosité envers ce qui se passe. C'est quand même extraordinaire que, depuis 1970 que je m'occupe de « Charlie », on ne m'ait jamais apporté une bonne bande dessinée réaliste sur le monde politico-policier français ! Il a fallu que Munoz et Sampayo, deux Argentins vivant en Italie, se dévouent pour réaliser, avec « Alack Sinner », une série policière actuelle, et encore, cela se passe aux Etat-Unis ! Il n'y a que quelques rares bandes dessinées d'humour qui sauvent la B.D. de la médiocrité, et ça, ce n'est pas nouveau. Mais je sens bien que le public de la B.D. n'aime pas tellement les bandes humoristiques : ils ne veulent pas rire, ces cons, ils veulent planer. L'humour leur remet trop les pieds sur terre. Ils veulent se regarder vivre comme dans une bande dessinée. Ils veulent être, eux aussi, des chefs-d'œuvre, les pauvres !

Voir « Charlie Mensuel » (1977).

Pensées sexistes

Il y a deux sortes de femmes : les moches et les salopes. Et encore, j'en connais des moches qui sont de belles salopes.

Le nombre infini de positions que peut prendre un corps de femme me donne le vertige.

*

Une nuit d'amour, ça dure 1/4 d'heure.

*

Le grand luxe pour un homme aujourd'hui, c'est d'avoir une femme qui travaille.

*

Je suis si voyeur que, chez moi, toutes les portes ont des trous de serrure.

L'amour, c'était agréable pour l'homme tant que les femmes ne savaient pas que c'était agréable.

Pour bien faire l'amour, il faut des loisirs, de l'imagination, et une infrastructure.

Tout homme devrait avoir droit de vie ou de mort sur sa femme ; toutefois il devrait lui être interdit de la faire souffrir. On n'est pas des bêtes.

Il vaut mieux épouser un sale Juif qu'épouser une salpingite.

Les femmes ne doivent plus être exploitées par les hommes, elles doivent être exploitées par les femmes !

*

J'aimerais être une femme et aimer un homme comme moi.

*

Il y a deux sortes de femmes : celles qui sont trop bien pour moi et celles pour qui je suis trop bien.

*

Les femmes, de nos jours, considèrent comme un dû ce qui, pendant des siècles, fut une corvée pour elles.

J'aime mieux faire hurler de plaisir une femme que la faire soupirer de bonheur.

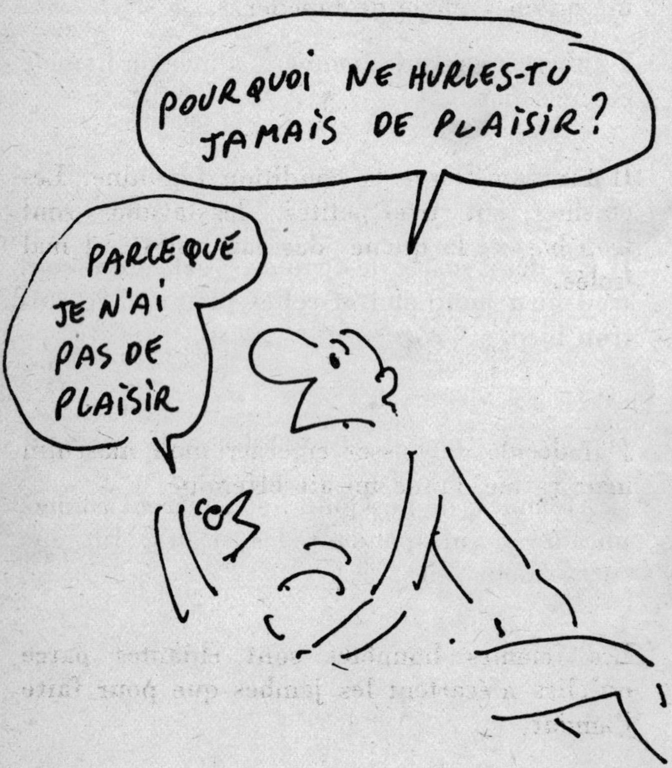

C'est difficile de prendre au sérieux une femme qu'on a envie de toucher.

*

Il faut améliorer la condition féminine. Les cuisines sont trop petites, les lavabos sont trop bas et la queue des casseroles est mal isolée.

*

J'ai décidé de laisser émerger mon masculin mais ça me donne un air efféminé.

*

Les femmes honnêtes sont chiantes parce qu'elles n'écartent les jambes que pour faire l'amour.

Un des derniers privilèges des hommes, c'est que nous n'avons pas besoin d'être beaux pour séduire.

*

Les femmes que j'invente reviennent rarement me voir. Mais je les préfère tout de même aux autres, parce que les autres ne reviennent jamais.

*

A force de vouloir faire de la femme l'égale de l'homme, bientôt, il n'y aura plus ni femmes, ni hommes. On vivra comme en Chine, tous en pyjamas !

*

Tout ce que les hommes font de bien, ils le font pour essayer d'épater leurs femmes.

C'est aux pouvoirs publics d'inculquer aux jeunes filles que le sort le plus enviable est d'être mère au foyer, supprimons l'instruction obligatoire pour le sexe aimable et il pensera un peu moins à prendre aux hommes les places qui leur reviennent.

Je rends une femme tellement heureuse que parfois je lui flanque une gifle, tant son bonheur m'énerve.

Les femmes, c'est comme les cigares, c'est le premier tiers le meilleur.

Afin d'être moins traumatisé le jour où je serai impuissant, j'ai décidé de m'abstenir de tous rapports sexuels.

S'il y a une chose qu'il ne faut pas faire n'importe où, n'importe comment, c'est bien l'amour. Il faut chercher à déterminer d'une façon précise les conditions les plus favorables et les réunir méthodiquement en vue d'un résultat optimum.

*

Dans notre ménage, il n'y a pas des travaux réservés aux hommes et des travaux réservés aux femmes ; nous nous sommes partagés exactement les tâches de la maison. Ma femme fait tout ce qui est emmerdant, et moi je fais tout le reste.

*

Déclaration d'amour :

je mangerai les restes de tes restes et je te prêterai la paume de ma main gauche pour tes steaks tartares et la paume de ma main droite pour que tu y lèches des crèmes Mont-Blanc.

Les Français aiment les fromages qui sentent mauvais et les femmes qui sentent bon.

Depuis que les femmes sont féministes, elles exigent un orgasme à chaque fois.

Les femmes, pour moi, sont divisées en deux catégories : les baisables et les imbaisables.

Les meilleures, ce sont les imbaisables, elles pleurent de joie quand on les baise !

*

Le jour où la femme aura tous les droits, elle perdra tous ses privilèges.

La seule chose intéressante à faire avec une femme peu intéressante, c'est de la baiser.

C'est plus facile de faire l'amour à une femme que de lui avouer qu'on a envie de regarder son sexe.

Dans ma famille, on est érotique de père en fils.

Chaque matin, ma femme me vide les couilles, comme ça je suis tranquille pour la journée !

Dès que l'on attaque les femmes, je deviens aussi méchant qu'un berger dont on attaque le troupeau.

Ce qui m'intéresse dans une femme, c'est ce que je n'ose pas lui demander.

Si j'étais une femme, j'en profiterais pour faire tout ce que je ne peux pas faire parce que je suis un homme.

Si Dieu a mis un sexe dans notre culotte, ce n'est pas uniquement pour faire des galipettes ! Quand vous achetez un paquet de lessive, ce n'est pas uniquement pour le gadget qu'il y a dedans !

*

Il a suffi que les journaux écrivent que « l'érotisme est un phénomène social, donc un grand problème », pour que les gens se passionnent pour lui. Ils ont découvert que l'amour, c'était érotique.

*

Les hommes adorent les connes. C'est pour ça qu'ils ont tout fait, au cours des siècles, pour qu'elles le restent.

Un homme marié sur deux accepte que sa femme montre ses seins à celui qui n'est pas d'accord.

Il faut que les films pornos soient interdits aux *plus* de 18 ans ! Si la jeunesse est perdue, il n'est peut-être pas trop tard pour sauver les adultes !

Les femmes, pour moi, sont divisées en deux catégories, celles que j'ai baisées, et celles que j'ai pas baisées.

J'aime mieux penser aux femmes que je n'ai pas eues qu'aux femmes dont je me suis contenté.

Pensées nationalistes

Dans chaque Français, il y a deux Français : celui qui ne veut pas d'histoires et celui qui a de grandes idées.

Si la France est restée ce qu'elle est, c'est justement parce que tout ce qu'elle fabrique est invendable. La France est un pays de prestige et d'harmonie subtile.

Ça ne s'exporte pas, ça.

*

La boutique est la patrie du boutiquier. Il est prêt à mourir pour elle, tandis que personne ne mourra pour une grande surface.

*

On n'a pas le temps d'être efficace en France. Nos ingénieurs lisent des livres, digèrent leur ragoût de midi. La culture générale, quoi ! Ce ne sont pas des cons de spécialistes bornés comme les Américains.

La France est un pays de petits fonctionnaires, de petits commerçants, de petits paysans, de petits chefs, il n'y a plus de prolétariat en France à part les travailleurs immigrés et les femmes. Tout le monde est un petit quelque chose chez nous...

Seul un gouvernement à poigne évitera à la France d'avoir un régime autoritaire.

La France est devenue un pays de cadres moyens qui veulent se donner l'air d'être des cadres supérieurs, qui eux-mêmes se prennent pour des P.D.G.

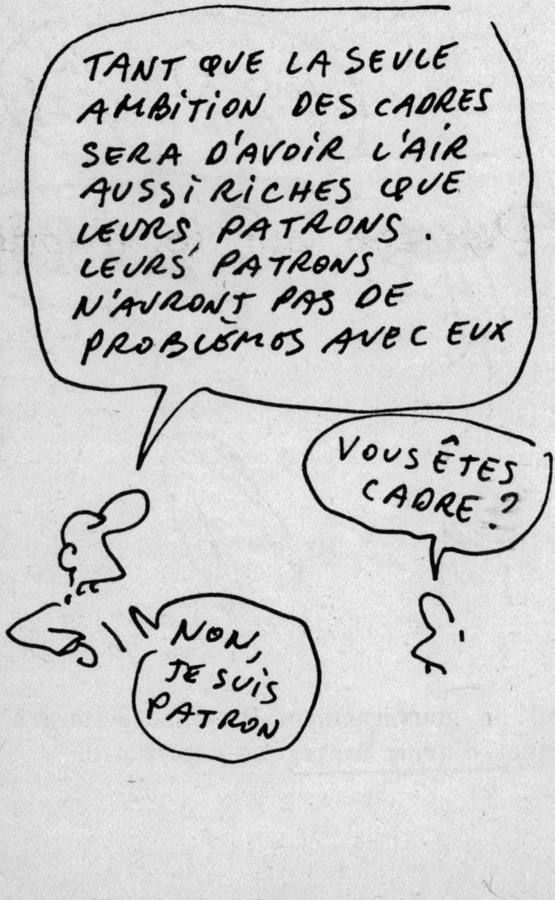

Pensées sur le travail

Mettons-nous en grève pour obliger les patrons à réduire nos salaires, nous sommes trop payés. Nous allons les ruiner !

Il faudrait travailler moins. Je suis sûr que la plupart des types maussades coincés sur le périphérique par les embouteillages et qui se regardent sans se voir en fouillant leurs narines, au volant de leurs voitures sophistiquées, pensent ce genre de truc.

*

C'est plus facile pour un ouvrier de devenir un bon bourgeois, que pour un bourgeois de devenir un bon ouvrier.

(Mai 68)

*

Avant, quand un ouvrier posait son outil pour se gratter, il était renvoyé. Aujourd'hui, on se dépêche de l'augmenter, de peur que ce soit le début d'une grève.

Si on emploie des intérimaires, c'est parce qu'ils sont plus faciles à virer en période de crise. Après, on s'étonne s'il y a des accidents ; il vaut tout de même mieux que ce soit un ouvrier peu expérimenté qui ait un accident qu'un ouvrier expérimenté.

Quand on ne sait rien faire, il faut avoir de l'ambition.

*

A notre époque, un petit commerçant qui ne peut plus voler ni ses clients ni le fisc est obligé de crever.

*

Lorsqu'un cadre cesse le travail, le travail continue à se faire. Alors que lorsqu'un boueux se croise les bras, les ordures s'accumulent devant la porte.

Pensées politiques

Les Français ne sont pas fous. Ils préfèrent voter pour des gens qui ont les moyens de leur donner ce qu'ils veulent même s'ils ne leur donnent rien, que pour des gens qui ne leur donneront rien parce qu'ils n'ont pas les moyens de leur donner ce qu'ils veulent.

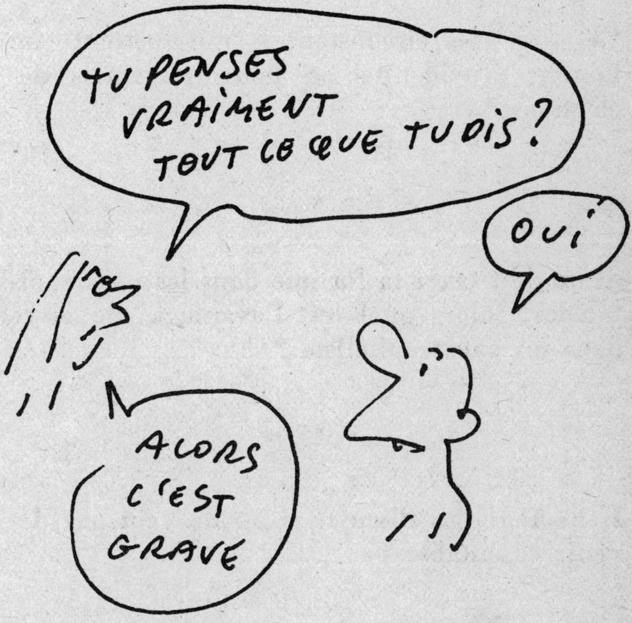

La crise, c'est comme un cyclone. Après son passage, le gouvernement prendra les mesures qui s'imposent pour protéger les biens de ceux qui ont pu se mettre à l'abri contre la rage de ceux qui n'ont plus rien.

*

Ce sont les circonstances qui mettent un homme providentiel au pouvoir, jamais des élections.

*

Si on doit taxer la fortune dans les pays capitalistes, alors quel est l'avantage de vivre dans un pays capitaliste ?

*

Il ne faut pas discuter si on ne veut pas devenir discutable.

Socialiste ! qu'est-ce que ça veut dire, socialiste ? Tout le monde est socialiste ! Hitler était socialiste, Mussolini aussi !
Voilà la différence. Vous pouvez être « quelque chose » socialiste, mais si vous êtes communiste, vous n'êtes rien d'autre.

L'erreur, le jour où la gauche aura le pouvoir, serait de se lancer dans une politique de gauche sous prétexte qu'on a vaincu la droite.

Une dictature de droite peut s'instaurer du jour au lendemain en France sans que cela bouleverse notre genre de vie.

Vous croyez que ça me fait peur, le socialisme ? Pas plus que le fascisme. Le seul système qui peut me faire peur, c'est le système qui supprimerait la bagnole.

La politique est le dernier refuge des aventuriers.

Les démocraties, c'est comme les jeunes filles, c'est très joli, mais leur sort, c'est de se faire baiser un jour ou l'autre.

Faudra-t-il que les communistes arrivent au pouvoir pour que notre pays retrouve le sens de l'ordre, de la discipline, de la morale et de la légalité ou aurons-nous enfin un sursaut ?

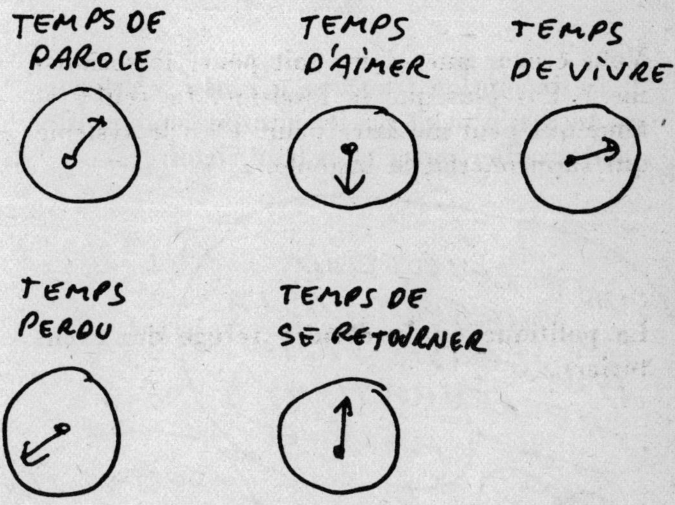

La majorité n'a pas le droit d'imposer sa connerie à la minorité.

En France, nous n'avons pas le droit de nous tromper, c'est pour ça qu'on ne fait rien.

*

Quand on est de gauche, on trouve toujours plus à gauche que soi.

*

Si la Révolution française a réussi, c'est parce qu'il n'y avait pas encore de communistes pour brailler que c'était leur victoire.

Nous sommes menacés par deux sortes de totalitarisme : celui de gauche où tout le monde est dans la merde et celui de droite où, à condition d'être général, héritier, poule de luxe, chrétien, gendarme, publiciste, possesseur de chien-chien, petit commerçant, et chanteur yé yé, on ne peut s'en tirer.

*

Le jour où les gens comprendront qu'on peut être social sans être socialiste, tout ira beaucoup mieux.

*

Partout dans le monde les civils laissent la place aux militaires. C'est la fin des démocraties. Il faut que je m'entraîne à vivre dans la terreur, va chercher le balai, mon amour, et frappe-moi.

Tout ce qui n'est pas communiste est à droite.

Les gens de droite ne croient qu'aux conneries qu'on leur a apprises. Les gens de gauche ne croient qu'aux conneries qu'ils ont découvertes.

*

Lorsque le Président de la République était élu par des notables, il avait moins de pouvoir et plus de majesté. A présent qu'il est l'enjeu d'un scrutin populaire, il a plus de pouvoir mais il sent la frite.

C'est ça, gouverner : ne jamais rien dire, ne jamais approuver, avoir l'air de penser le contraire de ce qu'on pense. Comme ça, tout le monde est content. Ceux qui pensent comme vous et ceux qui pensent le contraire.

*

Qui est lent comme le Suisse, borné comme le Berge, sournois comme le Hollandais, lourd comme l'Allemand, insignifiant comme le Luxembourgeois, dédaigneux comme l'Anglais, bidon comme l'Italien, et exaspérant comme le Français ?

L'Européen, l'homme de demain !

*

Il était plus facile de devenir « quelqu'un » en étant minable dans un pays capitaliste qu'en étant génial dans un pays non capitaliste !

Un militaire de droite et un militaire de gauche se ressemblent beaucoup plus qu'un civil de droite et un civil de gauche.

*

Etre communiste, c'est à la portée de tout le monde, mais il faut en avoir envie.

Dans ce pays, on n'entend que les clameurs de ceux qui ont des raisons de manifester.

*

Il faut voir les choses en face. Le véritable ennemi du monde libre, c'est le communisme. La seule défense efficace contre le communisme, c'est la dictature militaire.

*

Je préfère voter pour les salauds qui sont au pouvoir plutôt que pour ceux qui deviendront des salauds dès qu'ils auront le pouvoir.

*

Quel que soit le régime, je serai toujours un privilégié mais je ne serai jamais un nanti.

La différence entre une société libérale et une société autoritaire, c'est qu'elles sont aussi injustes l'une que l'autre.

Mais dans l'autoritaire, on n'a pas le droit de se plaindre.

Entre deux cons, je suis toujours du côté de celui qui est communiste.

Il y a des pays où il vaut mieux se méfier si on veut pas qu'on se méfie de vous.

Comme tout irait mieux si on donnait le pouvoir à ceux qui ont la flemme de le prendre !

Le socialisme est au communisme ce que la marihuana est à la morphine. Il prépare le terrain.

Si le militant n'attend pas grand-chose de l'arrivée de la gauche au pouvoir, il ne risque pas d'être déçu.

Pensées sur l'inégalité

Les riches n'ont jamais eu peur de vivre comme des pauvres, ce sont les pauvres qui refusent de vivre comme des pauvres.

Dans un pays où la légitime ambition de chacun est d'avoir plus que les autres, il me paraît non seulement juste mais équitable que le pouvoir soit confié à celui qui a plus que tous les autres.

Il faut être réactionnaire pour penser que les nègres affamés n'ont pas droit aux vacances.

Les riches ont besoin des pauvres pour être plus riches qu'eux, et les pauvres ont besoin des riches pour rêver.

Tant que les vendeurs de journaux auront une chance de devenir un jour milliardaires, ils ne feront pas la révolution pour que les millardaires deviennent vendeurs de journaux.

Un pauvre supporte mieux la misère s'il n'est pas obligé de vivre au milieu des pauvres.

*

Il ne faut améliorer le sort des défavorisés qu'à condition que cela profite aux favorisés.

*

Dérober mille francs, c'est un vol, ça mérite la prison ; mais voler des milliards, ça s'appelle une opération fructueuse, et ça mérite la considération générale.

*

Les pauvres des pays riches sont moins pauvres que les pauvres des pays pauvres, mais les riches des pays pauvres ne sont pas plus pauvres que les riches des pays riches, c'est ça qui est injuste.

Il y a toujours eu des malheureux qui ont crevé de faim, ce n'est pas en broyant du noir qu'on cuisinera la pâtée qui les nourrira. Il vaut mieux se consoler en pensant qu'ils mangeront mieux dans un monde meilleur.

*

Oui, il faut encourager la pauvreté. Ça vous étonne, mais si nous sommes dans la merde, c'est parce qu'en France, on est obligé d'importer les pauvres.

*

Il n'y a pas de miracle, la France est devenue un pays riche parce que des générations de Français se sont abstenus de reprendre deux fois du gâteau.

*

Un monde égalitaire c'est un monde où on ne joue plus. Car à quoi ça sert de gagner s'il n'y a pas de perdant ?

Il y a deux méthodes pour aider les pays sous-développés à lutter contre la famine : la bonne et la mauvaise.

Quand on gagne 20 fois plus que quelqu'un qui n'y arrive pas, on a 20 fois plus de raisons que lui de se lamenter.

Pensées sur le chomage

Au bout de 15 ans de chômage, on devrait avoir droit à une retraite de chômeur.

Il vaut mieux risquer le chômage que travailler pour rien.

*

Les chômeurs doivent se sacrifier afin que ceux qui ont du travail ne le perdent pas.

*

C'est fini le temps où il était plus rentable d'investir que de payer ses dettes, où les usines servaient à enrichir les dynasties ; de nos jours, les usines servent à empêcher les travailleurs de devenir chômeurs.

*

Un grand pas devrait être fait vers plus de justice et d'égalité. On devrait veiller à ce que le nombre de chômeurs ne dépasse jamais le nombre de chômeuses.

Plus la France aura de chômeurs, moins elle aura de travailleurs à payer et plus elle sera riche.

*

Il ne faut pas dramatiser. Le chômage touche surtout les femmes et les jeunes. Les femmes n'ont qu'à rester à la maison, et les jeunes n'ont qu'à attendre de devenir vieux.

Il faut payer les chômeurs plus que les travailleurs parce que, psychologiquement, c'est terrible d'être sans travail.

*

Dans ce monde où il n'y a pas de travail pour tout le monde, celui qui se crève à la tâche est indécent.

Pensées xénophobes

Si tout le monde était comme moi, je n'aurais pas besoin de détester les autres.

L'économie française dépend de l'économie allemande, donc, si ça ne va pas, c'est de la faute à ces sales Boches !

*

Les Arabes savent bien que si on leur a fait suer le burnous, nous autres Français, ce n'était pas par racisme, c'était uniquement par intérêt.

*

Les étrangers ne méritent pas de vivre dans le pays de la liberté.

S'il n'y a plus d'essence, la France s'arrête et les Arabes de chez Renault iront voir en Egypte s'il n'y a pas encore une pyramide à construire.

*

Si nous ne voulons pas être submergés par les bougnouls, nous devons être plus prolifiques qu'eux.

*

J'affirme que l'Afrique et le ramassage des ordures doivent être laissés aux Africains.

Apprenons à nous passer de pétrole et les Arabes viendront nous supplier d'en acheter. Qu'est-ce que vous voulez qu'ils en fassent, eux ? On ne met pas d'essence dans les bourricots !

Si être raciste, c'est ne pas aimer les gens qui ne sont pas comme moi, eh bien ! je suis raciste.

Le Français se dit : « Je suis moins pollué que le Japonais, moins chômeur que l'Anglais, moins misérable que l'Hindou, moins fanatique que l'Irlandais, moins con que le Belge, moins gangster que l'Américain, moins lâche que l'Italien, moins surveillé que le Russe, donc je suis heureux » !

*

On parle d'austérité, et il serait question d'accorder une prime aux travailleurs immigrés qui veulent partir ! On ferait mieux d'expulser ceux qui veulent rester !

On devrait peut-être retourner au Moyen Age, au moins, en ce temps-là, on n'avait pas peur d'aller casser la gueule aux Arabes.

*

Quand on sait que le communisme est une invention des Juifs, on ne peut être qu'antisémite.

*

J'aime bien les Arabes parce que, quand ils n'ont pas de travail, ils en profitent pour ne rien faire, ce qui fait qu'ils ne perdent jamais bêtement leur temps.

J'ai un nom à consonance étrangère et si je commence à dire du mal des Français, ils risquent de se venger un jour ou l'autre.

Pensées d'un vieux con

Jeunes gens, l'avenir vous appartient ! Mais ne touchez pas au présent ! et laissez le passé tranquille !

(Mai 68)

Si ça continue, il n'y aura plus que 3 catégories de personnes :

— les policiers ;
— les bandits ;
— et les otages !

*

Je préfère un alcoolique qui donne quatorze enfants à son pays que la misérable union de deux irresponsables, chichement sanctifiée, dans le meilleur des cas, par un rejeton dont on ne coupera jamais les cheveux.

*

Il y a une chose que je ne pardonnerais jamais aux étudiants, qui sont d'ailleurs des fils de bourgeois, c'est d'avoir persuadé d'honnêtes étrangers et de courageux travailleurs
parfaitement heureux de leur sort,
qu'ils étaient victimes de la société bourgeoise.

(Mai 68)

L'avenir d'un enfant, c'est de devenir adulte. Tant que les enfants ne sont pas adultes, leur avenir ne les regarde pas !

*

Un jeune, c'est comme un Arabe. Ça se mène à coups de bâton ! Dès qu'on commence à discuter avec lui, on est foutu !

*

Chez nous, civilisation chrétienne où le lapinisme est vivement encouragé par un arsenal de lois qui assure au père de dix enfants ses dix litres de pinard quotidiens, la stérilisation est interdite car elle est assimilée à une mutilation volontaire.

Dieu a créé l'homme et la femme, il n'a pas créé le jeune lycéen drogué et l'écolière croqueuse de pilules.

*

J'aime mieux que les prisons soient pleines d'innocents plutôt que les rues pleines de coupables.

*

Si on calculait les allocations de façon à ce que, lorsque les parents ont douze enfants, ils ne puissent les nourrir que s'ils en font un treizième et ainsi de suite, la France serait vite repeuplée.

Tant qu'il y aura des anti-militaristes, il y aura des militaires.

*

On voit qu'ils n'ont pas de soucis, ces jeunes ! Si comme moi ils devaient passer des nuits blanches à chercher des sujets qui puissent intéresser le plus d'imbéciles possible, ils verraient s'ils ne seraient pas obligés d'en faire, des concessions !

La meilleure preuve que nous vivons en démocratie, c'est qu'on accuse ouvertement le régime de ne pas être démocratique.

*

On lutte contre la drogue mais on ne lutte pas contre la chanson qui rend nos adolescents imbéciles.

Moi, les pays tropicaux, je suis d'accord, à condition d'être dans un hôtel climatisé, avec les indigènes du pays en veste blanche qui offrent des cocktails.

Problème : étant donné que les spécialistes de la Préfecture de Police mettent huit jours pour nettoyer la Sorbonne, combien de temps faudra-t-il aux spécialistes de la Sorbonne pour nettoyer la Préfecture de Police ?

(Mai 1968)

Les facultés sont médiocres. Mais comme les étudiants deviendront des médiocres, elles sont parfaitement adaptées à leur rôle.

(Mai 68)

Le jour où les gens qui n'ont aucune raison de manifester descendront dans la rue, il y aura enfin de l'ordre en France.

Les vieux voudraient que notre époque soit aussi bête que la leur. Il n'y a pas de raison qu'elle ne soit pas encore plus bête.

Pensées ruminées

J'aurais pu être un homme politique ou un grand patron, le genre qu'on déteste et qu'on adore à la fois.
Ou alors metteur en scène, génial et irascible. Ou conducteur de bolides, calme, maître de moi, et elle qui m'attend dans le stand, blonde et fragile.
J'aurais pu être un grand pianiste de jazz, un dur, un flic déchiré.
J'aurais pu être un salaud superbe, un assassin sadique, un arsène lupin, un champion de tennis, un speaker à la télé.
Mais la vie, vous savez ce que c'est...
Je suis un humoriste.

Ceux qui ont essayé de faire croire à l'homme que son seul but était d'être bon, d'aimer les autres, de se sacrifier pour eux, sont des salopards. Ils ont inventé Dieu, ils ont fait construire des pyramides, des églises et des mosquées à de pauvres types exténués. Ils ont créé des chefs-d'œuvre impérissables, « trésors de l'humanité ». Alors que le seul trésor de l'humanité, ce sont quelques instants de bonheur, un bol de riz pour celui qui a faim, une louche de caviar pour celui qui ne sait pas même ce que c'est que la faim, un sourire, un harem, un accord de guitare, la promesse que l'on ne sera pas torturé aujourd'hui, une main fraîche sur un front brûlant, lire *Charlie-Mensuel* sur un divan en croquant du chocolat.

L'opinion publique, ça se mesure, ça se sonde, ça se manipule, ça se consulte, ça se laisse endormir, ça se réveille en sursaut, ça se laisse dépasser, ça vole bas, ça s'amuse, ça se dompte, ça se prend au sérieux, ça se bouscule, ça se fait, ça se défait, ça se téléguide, ça s'influence, ça se guide, ça se chatouille, ça se ligote, ça se laisse prendre, ça se laisse acheter, ça se prend en main, ça s'irrite, ça s'indigne, ça prend feu, ça n'est pas favorable à... Mais ça ne peut pas se tromper !

Je marchais longtemps
lorsque j'arrivai à proximité d'une maison.
Je m'approchai doucement
et je regardai par la fenêtre.
Sur la moquette verte,
une très belle femme à poil, couchée sur le dos, lisait.
Les flammes dansantes de la cheminée éclairaient les parties de son corps qui n'étaient pas dans l'ombre.
Je tapai à la porte et je demandai au type qui m'ouvrit si je pouvais parler à la belle femme à poil qui lisait près du feu.
Il m'a foutu son poing sur la gueule.
Je suis reparti dans la nuit.
Je ne lui en voulais pas.
A sa place, j'aurais fait pareil.

Ce n'est pas un mal de n'être sûr de rien, de ne pas savoir de quoi demain sera fait, de se réfugier dans l'absurde, la chaleur humaine, le sommeil halluciné, le sexe sans érotisme. la dérision et le j'm'en-foutisme. Le talent n'a jamais suffi pour gagner du fric ; il a toujours fallu, en plus, être malin. L'ennuyeux, c'est que ce sont souvent les malins sans talent qui gagnent le plus. Les mystiques sont aussi abrutis que les bigots, les amateurs aussi bornés que les professionnels ; les bonnes bandes dessinées aussi mauvaises que les pas bonnes parce qu'elles veulent dire trop de choses et n'en racontent pas assez.

Je pense à toi,
mon amour,
ma tendresse,
mon cœur,
mon foie,
ma rate,
avec tes pieds mignons,
ta bouche adorable,
ton cul en satin,
ton sexe en velours,
ta langue rose comme le bout de tes seins,
tes cheveux d'or...
et pourtant tu n'es que de la viande,
mon amour.

TESTAMENT

Moi, Wolinski, sentant venir ma mort prochaine, je fais ce testament afin que ma famille sache que l'estime que je lui porte est proportionnelle à l'insuffisance de ce que je lui lègue. A ma chère femme, les photos pornos cachées sous une planche de la cabane au fond du jardin, pour la remercier de toutes les folies que nous n'avons jamais faites ensemble, à mon frère Louis, je lègue ma scie mécanique, en espérant qu'il se coupera le bras avec, lui qui n'a jamais eu un geste pour moi.

AUJOURD'HUI

J'ai pris la dernière douche
J'ai vu le dernier oiseau
J'ai vu le vent agiter la dernière branche
J'ai lu le dernier livre
Je n'ai pas cueilli la dernière fleur
J'ai couru pour la dernière fois
J'ai regardé la dernière fourmi
J'ai caressé la dernière femme
La dernière plaisanterie ne m'a pas fait rire
J'ai pris le dernier train
J'ai bu le dernier verre
J'ai poussé le dernier soupir.

Pensées définitives

Je suis découragé par la quantité de courage qu'il me faudrait pour oublier la médiocrité de mon existence.

Si on faisait un sondage, on s'apercevrait que les trois-quarts des gens seraient d'accord pour faire taire l'autre quart afin d'avoir la paix.

*

Je préfère vivre malheureux que mourir heureux.

*

Nous regardons le Liban, le Chili, l'Argentine, etc. avec les mêmes sentiments de trouille, de supériorité et de rigolade assurées que les vieux de l'hospice, lorsqu'il y en a un qui crève.

*

Si on était sûrs de devenir tous des patrons, on ne serait pas aussi inquiets pour l'avenir.

J'ai toujours préféré rendre les gens malheureux autour de moi parce que c'est tout de même plus facile que les rendre heureux. Je ne suis pas méchant mais je suis assez paresseux.

Je ne suis objectif qu'avec les gens que je n'aime pas.

Une grosse bombe est cachée dans l'armoire à la porte qui craque.
Elle va exploser demain, ou peut-être après demain, ou peut-être tout à l'heure, je ne comprends rien à ce putain de mécanisme.
De toutes façons, ça ne fait rien, l'important c'est qu'elle explose.
J'ai déclaré la guerre.
J'ai déclaré la guerre à mon entourage.

*

Si vous voulez être populaire, il faut savoir être impopulaire.

*

Il faut voir les choses en face, le monde est devenu un vaste bordel où tous les pays, selon les circonstances, sont maquereaux, putains ou clients.

Si j'étais un salaud, croyez-moi, ça se saurait.

Je suis content que la vie soit courte. Je trouve ça rassurant. J'ai peur des choses qui ne finissent pas.

Les vraies questions, c'est : « Comment profiter de la vie au maximum ? ».

Les vraies réponses, c'est : « En évitant de se poser les vraies questions ! ».

Ecrivez-moi une bonne préface et j'écrirai un livre.

*

Un pays sans démagogie est un pays condamné à l'autoritarisme, la démagogie est le fondement de notre civilisation occidentale.

*

Je n'ai jamais eu confiance dans les gens qui veulent qu'on leur fasse confiance.

*

Moi, je préfère être volé que passer mon temps à me méfier des voleurs.

Il vaut cent mille fois mieux vivre dans un monde dominé par l'argent que dans un monde dominé par les idées... à condition d'être riche.

Grâce à l'expérience, nous savons très bien ce que nous ne voulons pas. Mais, malheureusement, l'expérience ne nous sert à rien pour savoir ce que nous voulons.

On a toujours cru que l'homme était malheureux parce qu'il avait des problèmes, mais moi, je suis persuadé qu'il a des problèmes parce qu'il est malheureux et que, donc, il suffirait de le rendre heureux pour qu'il n'ait plus de problème.

Les jeunes ne posent que des questions stupides ! Les vieux ne font que des réponses idiotes !

Il vaut mieux être seul à diriger une entreprise de 25.000 personnes qu'être 25.000 à faire de la voile dans le petit port breton où se balance mon dériveur.

Ma vie ressemble au roman que j'écrirai un jour.

À QUOI PENSES-TU ?
À RIEN, ET TOI ?
À RIEN
ON EST FAIT POUR S'ENTENDRE

TABLE

Presses Pocket
8 rue Garancière
75006 Paris
tél. 329 12 80

IMPRIMÉ EN FRANCE PAR BRODARD ET TAUPIN
7, bd Romain-Rolland - Montrouge.
Usine de La Flèche, le 05-01-1983.
1990-5 - N° d'Éditeur 1942, janvier 1983.